DAS GOLD DER ERDE
TRÜFFEL
REZEPTE UND WARENKUNDE

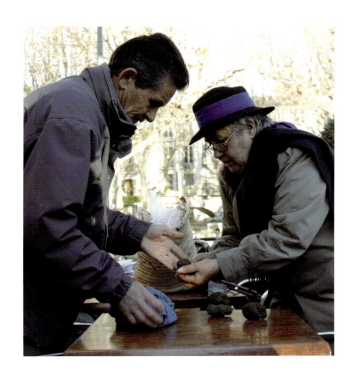

Edition
Fackelträger

DIE WELT DER TRÜFFEL

Schwarzer oder Weißer Trüffel? Sommer- oder Wintertrüffel? Kulinarisch wertvoll oder kulinarisch wertlos? Entgegen der üblichen Meinung gibt es nicht nur einige wenige, sondern Dutzende, wenn nicht sogar Hunderte von Trüffelsorten. Den Feinschmecker interessieren letztlich aber nur einige wenige davon. Zur Klassifizierung ist es hilfreich, den unterirdisch wachsenden Schlauchpilz, der in Symbiose mit einigen bestimmten Baum- oder Strauchsorten lebt, zunächst in die beiden Hauptkategorien "genießbar" und "ungenießbar" einzuteilen. Die genießbaren Trüffel lassen sich wiederum in drei Gruppen gliedern:

- kulinarisch wertvoll
- kulinarisch vertretbar
- kulinarisch wertlos

In diesem Buch stellen wir Ihnen Trüffel aus allen drei Kategorien vor und darüber hinaus auch einige Trüffel, die eigentlich gar keine sind. Zudem nehmen wir Sie mit auf die Trüffelsuche nach Italien, Frankreich und China sowie auf Trüffelmärkte.
Über die Frage, welcher Trüffel die absolute Nummer eins sei, haben sich schon Familien zerstritten, Dörfer entzweit und Kontrahenten krankenhausreif geschlagen. Deshalb wird jeder nur für sich persönlich eine Antwort auf die Frage finden können. Geht es um allerhöchsten Trüffelgenuss, sind aber nahezu immer Schlauchpilze mit der lateinischen Bezeichnung tuber melanosporum oder tuber magnatum gemeint. Die Bevorzugung einer der beiden Arten geht nicht selten darauf zurück, dass Trüffelliebhaber mit der Zeit eine Vorliebe für einen Kochstil entwickeln, der am besten zum eigenen Geschmack passt. Sollte Ihnen eher die italienische Küche zusagen, dann werden Sie vermutlich den tuber magnatum zu Ihrem Verbündeten wählen. Lieben Sie die französische Küche, so wird Ihre Passion wohl dem tuber melanosporum gelten. Aber auch abseits der typischen Landesküchen und mit vielen weiteren Trüffelarten sind spannende Kreationen möglich. Dieses Buch beweist es Ihnen.

INHALT

Lexikon

02	Die Welt der Trüffel
06	Der Weiße Trüffel
08	Der Winteredeltrüffel
10	Der Sommertrüffel
11	Der Burgundertrüffel
12	Der Muskat- oder Wintertrüffel
13	Der Bianchettitrüffel
14	Der Chinatrüffel
16	Der Schwarze Trüffel
17	Der Rote Trüffel
	Der Holztrüffel
18	Der Kalaharitrüffel
19	Der Löwentrüffel

Suche und Handel

20	Wie man Trüffel sucht ... und findet ...
22	Trüffel in Italien
24	Trüffel in Frankreich
28	Trüffel in Deutschland
30	Trüffel in China
32	Vom teuersten Lebensmittel der Welt – Trüffelhandel in Frankreich
34	Ein kulinarischer Trip der Extraklasse – Trüffelhandel in Italien

Rezepte

36	Borlenghi mit weißem Ragout, Parmesan und Weißem Trüffel
38	Passatelli mit Parmesanfondue und Weißem Trüffel
40	Gebackenes Ei mit Weißem Trüffel "dei Colli Bolognesi"
42	Lasagne mit Weißem Trüffel
44	Kartoffelbällchen in Parmesanfondue mit Weißem Trüffel
46	Gebackenes Kalbsbries mit Weißem Trüffel gespickt auf Artischockenragout
48	Eieromelett mit Weißem Trüffel
50	Carpaccio von Jakobsmuscheln und Périgordtrüffel mit Olivenöl
52	Getrüffeltes Stubenküken an Puylinsen-Gemüse
54	Zander auf der Haut gebraten mit Schwarzwurzeln und Trüffel-Kartoffelpüree
56	Getrüffelter Crottin de Chavignol an Rotweinzwiebeln
58	Scheiterhaufen von Périgordtrüffel und Gänsestopfleber
60	Wintersalate mit Gänsestopfleber und Trüffelvinaigrette
62	Sellerierahmsuppe mit Schwarzem Trüffel
64	Impressum

DER WEISSE TRÜFFEL
LAT. TUBER MAGNATUM

Der Weiße Trüffel, tuber magnatum, ist im deutschsprachigen Raum auch unter den Bezeichnungen Piemont- oder Albatrüffel bekannt. Beide Namen geben eindeutige Hinweise auf die Herkunft der Weißen Trüffel, die qualitativ zu den hochwertigsten Speisetrüffeln zählen. Die Region Piemont liegt im Norden Italiens, westlich der Lombardei. Das Städtchen Alba im Herzen des Piemont ist jährlicher Anziehungspunkt für Trüffelpilger aus aller Welt. In einem Umkreis von bis zu hundert Kilometern – mit einer leichten Konzentration auf den Südosten – finden Trüffelsucher hier Weiße Trüffel der Spitzenklasse.

Ebenfalls zu den geschmacklich besten Trüffeln der Art tuber magnatum zählen die Exemplare, die in den Nachbarregionen des Piemonts gedeihen, wie im Süden der Lombardei, in Ligurien, den westlichen Gebieten der Region Emilia Romagna und den nördlichen Ausläufern der Toskana. Andere Gebiete, in denen ebenfalls jedes Jahr nennenswerte Mengen tuber magnatum gefunden werden, sind Umbrien, die Marken, die Abruzzen, die Gegend um Rom sowie große Teile des ehemaligen jugoslawischen Staatsgebietes. Allerdings können sich die Trüffel aus diesen Gegenden kulinarisch meist nicht mit denen aus dem Norden Italiens messen.

Der tuber magnatum ist hellbraun bis weiß, zwischen fünf Gramm und einem halben Kilogramm schwer, rund bis knollenförmig, mit einem extrem intensiven, dem Knoblauch verwandten Geruch. Sein Geschmack ist jedoch wesentlich milder als sein Aroma vermuten lässt. Der Trüffel sollte im Ganzen fest sein und keine weichen Stellen aufweisen.

Die Saison für Weiße Trüffel erstreckt sich von Anfang Oktober bis Ende Dezember, wobei der kulinarische Zenit des wertvollen Gewächses innerhalb des Monats November liegt. Weiße Trüffel, die Ende September oder Anfang Januar angeboten werden, sollte man als Käufer eher meiden oder zumindest einer sehr genauen Prüfung unterziehen. Einkäufe zu Weihnachten und Silvester müssen ebenfalls wohl überlegt sein, denn die erhöhte Nachfrage an den Feiertagen macht sich in einem sofortigen Anstieg der Preise bemerkbar. So unauffällig wie der tuber magnatum selbst, so unaufwendig sollte auch seine Zubereitung sein: Ein Rührei, ein paar Tagliolini, ein kleines Risotto, etwas geschmolzene Fonduta oder ein wenig Polenta dienen als Grundlage. Darüber ein paar hauchdünne Scheiben von frischem Weißen Trüffel geben, roh und geschnitten mit einem Trüffelhobel, der mit Hilfe einer justierbaren Klinge einen besonders feinen Schnitt zulässt. Der tuber magnatum sollte einem Gericht immer erst am Ende der Zubereitung hinzugefügt werden, da Geruch und Geschmack bei zu viel Hitze zu schnell verfliegen würden. Das Geheimnis eines guten Gerichts mit Weißem Trüffel ist zugleich auch das Geheimnis italienischer Küche: gute Produkte, einfach und ohne viel Aufwand zubereitet. Die Konzentration auf das Wesentliche ist hier der beste Weg.

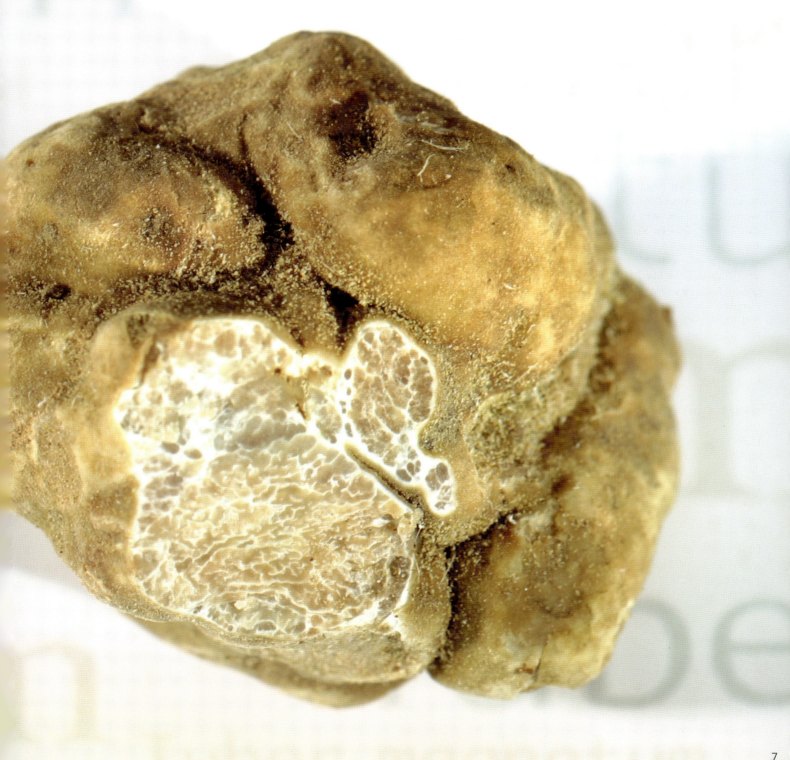

DER WINTEREDELTRÜFFEL
LAT. TUBER MELANOSPORUM

Der Schwarze Trüffel, tuber melanosporum, wird bei uns oft Périgordtrüffel genannt. Der Name verweist auf seinen berühmtesten Fundort, die Landschaft Périgord im Südwesten Frankreichs. Aber auch tuber melanosporum aus Italien oder Spanien gelangen unter dem Namen Périgordtrüffel auf den Markt. Es handelt sich ganz einfach um eine umgangssprachliche Bezeichnung, die sich im Laufe der Jahre eingebürgert hat. Käufer sollten daher immer darauf achten, woher die Trüffel einer Sorte stammen.

Das Périgord ist eine der besten Gegenden für Schwarze Trüffel. Während allerdings die Nachfrage nach echten Périgordtrüffeln seit mehreren Jahren kontinuierlich zunimmt, gehen die Erträge zunehmend zurück. Dies führt dazu, dass inzwischen sogar Trüffel ins Périgord importiert werden. Bestenfalls stammt die eingeführte Ware aus der nördlichen Provence oder dem Département Vaucluse, denn die Produkte aus diesen Gegenden sind qualitativ gleichwertig und mitunter sogar besser. Tuber melanosporum wird aber auch in fast allen Trüffelgegenden Italiens und in großen Teilen Nordspaniens gefunden. Die Bezeichnung Périgordtrüffel haben die dortigen Bestände allerdings nicht verdient.

Ein ebenfalls sehr geläufiger Name für den Schwarzen Trüffel ist die Bezeichnung Wintertrüffel. Diesen Namen trägt aber auch der tuber brumale, ein Trüffel mit gröberer Struktur und nicht so vielschichtigem Aroma, der geschmacklich trotzdem überzeugen kann. Der hochwertigere tuber melanosporum hat sich aus diesem Grund den Zusatz "edel" verdient, denn als Winteredeltrüffel lässt er sich besser vom tuber brumale abgrenzen.

Der Schwarze Trüffel, dessen Hauptsaison in den Monaten Januar, Februar und März liegt, ist wesentlich vielseitiger als sein weißer Verwandter. Schon sein Geruch ist komplexer: Er duftet nach Wald und Erde, ein wenig nach Moschus, aber auch leicht süßlich. Sein Geruch ist ebenso einzigartig wie sein Geschmack und mit Worten kaum fassbar. Im optimalen Reifezustand zeigt sich das Fruchtfleisch schwarz-violett, durchzogen von sehr feinen weißen Adern. Zum Ende der Saison im Februar und März werden die Winteredeltrüffel immer dunkler und mit Zunahme der Farbintensität steigt auch die Qualität. Zudem existiert eine seltene Albinoform des tuber melanosporum, die dem dunklen Trüffel geschmacklich in nichts nachsteht.

Im Gegensatz zum Weißen Trüffel lebt der Winteredeltrüffel auch von der Kochkunst. Ein Gericht, das mit einer gewissen Menge von Schwarzem Trüffel zubereitet wurde, schmeckt einfach um ein Vielfaches besser als dasselbe Gericht ohne Trüffel. Die vielseitigen und anspruchsvollen Zubereitungsmöglichkeiten des tuber melanosporum machen ihn zu einem unentbehrlichen Bestandteil der französischen Küche. Die Möglichkeiten reichen von der Herstellung aufwendiger Fonds und intensiver Essenzen bis hin zu dezenten Verfeinerungen und dem sanften Einlegen des Trüffels in Sahne. Die französische Küche und die Verwendung des Schwarzen Trüffels setzen demnach beide eine fundierte Ausbildung oder zumindest eine gewisse Erfahrung voraus.

DER SOMMERTRÜFFEL
LAT. TUBER AESTIVUM

In Italien wird der tuber aestivum Scorzone, in Frankreich truffe d'été oder truffe de la Saint-Jean genannt. In beiden Ländern, aber auch in Spanien, wird er in riesigen Mengen gefunden. In feine Würfel geschnitten war er früher in jeder guten Trüffelleberwurst zu finden.

Rein äußerlich sieht der Sommertrüffel dem tuber melanosporum sehr ähnlich. Abgesehen von einigen jahreszeitlichen Schwankungen hat er jedoch ein wesentlich helleres Fruchtfleisch. Für die Leberwurstindustrie wurde der Pilz deshalb jahrzehntelang schwarz eingefärbt. Das Verfahren, das gesundheitlich unbedenklich ist, gab der Wurst ein schöneres Schnittbild. Anfang der 1990er Jahre fiel einem Bürokraten der Lebensmittelaufsicht in Frankreich jedoch eine bis dahin unbeachtete Vorschrift auf, die das Färben von Trüffeln verbietet. Nach dieser Entdeckung wurden alle französischen Trüffelproduzenten verklagt und zu drastischen Geldstrafen sowie künftiger Unterlassung verurteilt. Dies war der Todesstoß für den Sommertrüffel in der Wurstindustrie, denn die ungefärbte Variante wurde von den Verbrauchern nicht angenommen. Anstatt einfach einen hochwertigeren Trüffel mit natürlicher Schwarzfärbung zu verwenden, greift man seither überwiegend auf ein Industrieprodukt namens Trüffelgarniermasse zurück. Dieses Produkt hat – abgesehen vom Namen – rein gar nichts mit Trüffeln zu tun. Es besteht aus Wasser, Fett, Eiweiß, Weizenmehl, Fleischextrakt, Kartoffelmehl, natürlichen Aromastoffen, Zucker und Kochsalz. Zum großen Nachteil für echte Gourmets benutzen aktuell nur noch sehr wenige Produzenten Sommertrüffel für ihre Leberwurst.

Im Umkehrschluss sind seit Anfang der 1990er Jahre große Kapazitäten an Sommertrüffeln frei geworden. Ihr recht angenehmer Geschmack und ihr günstiger Preis haben sie so innerhalb kürzester Zeit zu den meistverkauften Trüffeln überhaupt gemacht. Die Kosten betragen nur etwa zwanzig bis dreißig Prozent der Kosten für den tuber melanosporum. Außerdem ist der Sommertrüffel extrem lange, von Mai bis Dezember, verfügbar.

Doch eines bleibt unumstritten: Weder der Sommertrüffel noch die im Folgenden beschriebenen Sorten bieten den außergewöhnlichen kulinarischen Hochgenuss, den tuber melanosporum oder tuber magnatum erzeugen.

Hierzulande wurde der Burgundertrüffel lange Zeit als Sommertrüffel gehandelt und auch heute noch ist umstritten, ob es sich beim tuber uncinatum nicht doch um einen tuber aestivum handelt, der einfach zu einer anderen Zeit an einem anderen Ort wächst. Eine rein biologische Analyse, bei der Form, Anzahl sowie Ausstattung der Pilzsporen unter dem Mikroskop gezählt, gemessen und verglichen werden, ergibt keinerlei signifikante Unterschiede zwischen den beiden Sorten. Ein Vergeich mit tuber melanosporum oder tuber magnatum bringt hingegen unterschiedliche Ergebnisse bezüglich der Pilzsporen, die für die Vermehrung und die Verbreitung der Trüffel zuständig sind, hervor. Im Geschmack sind die dunklen Burgundertrüffel den hellen Varianten in jedem Fall vorzuziehen. In letzter Zeit werden auch in Deutschland immer wieder Trüffel von guter Qualität und dunkler Farbe gefunden. Es handelt sich dabei in der Regel auch um tuber uncinatum.

Jean-Marie Dumaine, ein Pionier der modernen deutschen Trüffelsuche, klassifiziert den Burgundertrüffel als den drittbesten aller Trüffel. Bei der Vielzahl der Trüffelsorten ist die "Bronzemedaille" eine äußerst ehrenvolle Auszeichnung.

**DER BURGUNDERTRÜFFEL
LAT. TUBER UNCINATUM**

Der tuber brumale ist unter vielen Namen bekannt. Während man ihn im Deutschen meist Muskat- oder Wintertrüffel nennt, ist er im Italienischen auch unter Tartufo fetido und im Französischen unter Rougeotte oder Truffe violette bekannt. Der vollständige Name der Art lautet übrigens tuber brumale vittandi. Sie ist von der Unterart tuber brumale rufum zu unterscheiden, die völlig ungenießbar ist. Glücklicherweise gelangt diese Art nur selten in die Hand eines Trüffelsuchers.

Tuber brumale ist etwa halb so teuer wie tuber melanosporum und mindestens halb so gut im Geschmack. Somit bietet dieser Trüffel ein interessantes Preis-Leistungsverhältnis. Sein Aroma ist zwar nicht so komplex wie das des tuber melanosporum, und sein schwarzes Fruchtfleisch besitzt etwas dickere weiße Adern als das seines "großen Bruders", ansonsten ist der tuber brumale aber ein sehr schmackhafter Pilz.

Sollten Sie während der Trüffelsaison von Dezember bis März auf einem Trüffelmarkt einkaufen, fragen Sie den Verkäufer, ob er auch Muskattrüffel im Angebot hat. Meist besteht nämlich nur im Ursprungsland die Chance, diesen Trüffel zu erwerben. Gerade bei französischen Hausfrauen ist tuber brumale wegen seines geringen Preises äußerst beliebt, und da die Erntemengen begrenzt sind, wird der Pilz nur selten exportiert. Wenn man aber Lieferungen von tuber melanosporum genauer untersucht, findet sich hin und wieder der ein oder andere tuber brumale darunter.

DER MUSKAT- ODER WINTERTRÜFFEL
LAT. TUBER BRUMALE

Der tuber albidum wird im Italienischen auch Marzolo oder Bianchetti genannt. Marzolo, weil er im März geerntet wird, Bianchetti, weil er klein und weiß ist.

Tatsächlich wird der tuber albidum kaum größer als eine Haselnuss und verströmt einen intensiven, unangenehmen Geruch. Was beim Weißen Trüffel als positiv zu bewerten ist, geht beim tuber albidum allerdings auch mit einem unerfreulich scharfen Geschmack einher. Die auch als Arme-Leute-Trüffel betitelte Knolle kommt daher selten frisch vor. In fertigen Produkten wie beispielsweise Trüffelcremes oder Trüffelbutter ist tuber albidum jedoch leider ein häufig verwendeter Bestandteil.

Nicht verwechseln darf man den Bianchettitrüffel mit dem tuber album, der im achten Band von "Neumanns Gärtnerischer Büchersammlung" aus dem Jahre 1900 als "Deutscher Weißer Trüffel" klassifiziert wird. Dieser Trüffel scheint bloße Namensähnlichkeit mit dem tuber albidum zu haben und soll nach Neumann an Fundorten von Böhmen über Schlesien und Thüringen bis Franken entdeckt worden sein. Auch muss man sich vor einer Verwechslung mit tuber terfezia, dem Wüsten- oder Kalaharitrüffel aus Nordafrika, in Acht nehmen.

DER BIANCHETTITRÜFFEL
LAT. TUBER ALBIDUM

Die asiatischen Trüffelvarianten tuber himalayensis und tuber indicum sind in China beheimatet und vor einigen Jahren schlagartig bekannt geworden. Ihr auffälligstes Merkmal ist die verblüffende äußerliche Ähnlichkeit mit dem tuber melanosporum. Allerdings haben beide Varianten generell sehr wenig Geschmack und sind darüber hinaus meist von kleinem Wuchs.

China war lange Zeit ein sehr abgeschiedenes Land, so ist es nicht verwunderlich, dass die kulinarische Bedeutung der Trüffel dort lange Zeit unbekannt war und die Pilze vor allem als Viehfutter genutzt wurden. Erst vor einigen Jahren entdeckte ein Reisender, dass es chinesische Trüffel gibt, die dem berühmten Schwarzen Trüffel extrem ähnlich sehen und dabei nur einen Bruchteil der europäischen Ware kosten.

Nun gab es zwei Möglichkeiten, mit diesem Trüffel Geld zu verdienen: Die Einführung einer neuen Trüffelsorte, die preislich irgendwo zwischen tuber aestivum und tuber melanosporum gelegen hätte, wäre die ehrliche Variante gewesen. Leider bot sich aber auch die Gelegenheit, die frappierende Ähnlichkeit und die zufällig parallel verlaufende Saison zu nutzen, um die chinesischen Trüffel unter die hochklassigen Winteredeltrüffel zu mischen. Bedauerlicherweise entschieden sich einige Importeure für die zweite Möglichkeit. Händler, die teure, aber korrekte Ware anboten, blieben so auf ihren Produkten sitzen, da die Konkurrenz den billigen Chinatrüffel anbot, ohne dies ausreichend zu deklarieren. Am Ende zahlte sich dieses Verhalten aufgrund von Reklamationen und hohen Geldstrafen glücklicherweise auch nicht aus. Seitdem haben sich alle Trüffelhäuser vom tuber himalayensis und tuber indicum distanziert. Dazu gehören auch Firmen, die nie Trüffel gemischt oder Konserven "gefälscht" hatten, sondern über einen offiziellen Verkauf der Chinatrüffel unter der korrekten Gattungsbezeichnung nachgedacht hatten. Bis heute wird der preiswerte, relativ geschmacksneutrale Pilz größtenteils gemieden.

DER CHINATRÜFFEL
LAT. TUBER HIMALAYENSIS/ TUBER INDICUM

Es gibt viel mehr Trüffelarten als viele vermuten. Allein in Italien lassen sich bis zu 55 verschiedene Arten aufspüren. Kulinarisch sind die drei im Folgenden beschriebenen Trüffel allerdings nicht von Wert. Falls sie dennoch einmal in den Handel gelangen sollten, dürfte es sich um ein Versehen handeln.

Der Trüffel mit der lateinischen Bezeichnung tuber mesentericum trägt genau wie der tuber melanosporum, der tuber uncinatum oder der tuber aestivum pyramidenförmige Auswüchse auf seiner Schale. Während die Gebilde auf der Oberfläche des tuber melanosporum sehr klein und flach sind, sind die des tuber uncinatum eher groß, hoch und von fast perfekter Symmetrie. Die Pyramiden des tuber mesentericum liegen genau zwischen diesen beiden Formen. Das Fruchtfleisch erinnert in seiner Farbe an tuber uncinatum. Der Geruch ist sehr jodoformlastig, und geschmacklich zeigt er eine gewisse Penetranz, wenn er kalt gegessen wird. Beim Erhitzen verfliegt der Geruch jedoch und der Trüffel wird genießbarer, wenn auch nicht wirklich schmackhaft. Es gibt deutlich schmackhaftere Alternativen.

DER SCHWARZE TRÜFFEL
LAT. TUBER MESENTERICUM

Trüffel der Art tuber rufum schmecken neutral und sollen schwer im Magen liegen. Sie heißen Rote Trüffel, obwohl sie eher erdfarben sind. Der Trüffel wird selten, aber dafür überall dort gefunden, wo man nach Trüffeln sucht. In Frankreich nennen die Trüffelsucher ihn "die Nase des Hundes", und der treue Begleiter des Trüffelsuchers ist es auch, der den Pilz fressen darf, wenn er ihn gefunden hat. Auch wenn der tuber rufum für den Menschen keinen kulinarischen Wert hat, so ist er dennoch nützlich, weil sein Fund dem Trüffelsucher als Indikator für schmackhafte Trüffel gilt, die in der Nähe wachsen. Rote Trüffel bilden somit oft eine Art "Vorhut" ihrer schwarzen Verwandten.

DER ROTE TRÜFFEL
LAT. TUBER RUFUM

Der Trüffel mit dem stärksten Acetongeruch heißt tuber excavatum. Er hat kleine Aushöhlungen im Fruchtfleisch, die in Frankreich, wo er Truffe jaune, also Gelber Trüffel, genannt wird, als Magen bezeichnet werden. Dieser Pilz kommt definitiv nie mit Absicht in den Handel oder auf den Tisch. Er wird von den Trüffelsuchern an Ort und Stelle vernichtet, damit sein strenger Geruch nicht auch die anderen Trüffel des gleichen Fundes parfümiert.

DER HOLZTRÜFFEL
LAT. TUBER EXCAVATUM

Beim Kalaharitrüffel handelt es sich wieder um kulinarisch vertretbare Trüffel, obwohl der Pilz in Wirklichkeit gar kein echter Trüffel ist. Es handelt sich vielmehr um eine andere Art unterirdisch wachsender Schlauchpilze mit der lateinischen Bezeichnung terfezia. Terfezia ist eine typische Spezies des trockenen und heißen afrikanischen Klimas. Auch in der nördlichen Sahara oder am hohen Atlas sind die Gewächse zu finden.

Die Bezeichnung "Trüffel" ist allerdings äußerst irreführend. Trüffel haben ein festes, marmoriertes Fruchtfleisch und je nach Qualität einen mehr oder weniger intensiven und ganz typischen Geruch und Geschmack. Man kann und sollte sie immer ungeschält verzehren, da Schale und Fruchtfleisch in Qualität und Konsistenz nur wenig voneinander abweichen. Beim terfezia pfeilii verhält es sich hingegen völlig anders: Das Gewächs hat ein weiches Fruchtfleisch, eine harte, ungenießbare Schale und sowohl Geruch als auch Geschmack erinnern stark an Champignons.

Mitte der achtziger Jahre wurde der terfezia pfeilii unter dem Namen Kalaharitrüffel mit viel Werbeaufwand auf dem europäischen Markt platziert. Köche, Endverbraucher und Vertreter der gehobenen Nahrungsmittelindustrie probierten dieses Produkt aus und waren vielfach enttäuscht, da sie aufgrund der Bezeichnung einen anderen Geschmack erwartet hatten. Nun schmeckt terfezia pfeilii zwar nicht schlecht, aber eben nicht nach Trüffel, und so ist es nicht verwunderlich, dass der Kalaharitrüffel nur für sehr kurze Zeit einen gewissen Bekanntheitsgrad genossen hat. Kalaharitrüffel gelangen überwiegend in Dosen eingekocht, als ganze Frucht oder als Paste in den Handel. Man hätte das Gewächs wohl besser als Konkurrenzprodukt zum Steinpilz oder Pfifferling anbieten sollen.

DER KALAHARITRÜFFEL
LAT. TERFEZIA PFEILII

Der terfezia leonis kommt in ganz Nordafrika vor, besonders in Libyen, Marokko, Tunesien, Ägypten, im Sudan, aber auch in der Türkei und in Israel.

Unter Trüffelliebhabern kursieren immer wieder amüsante Geschichten, in denen beispielsweise ein Beduine einem vorbeifahrenden Wüsten-Motorradfahrer oder ein türkischer Bauer einem Touristen ein paar Trüffel geschenkt haben sollen. Der Beschenkte erinnert sich meist noch nach Monaten oder Jahren an diese große Geste der Gastfreundschaft und erzählt tief gerührt davon, nicht ahnend, dass es sich dabei um terfezia leonis handelte, einen Löwentrüffel, der auf dem Bazar in der Preiskategorie von Äpfeln oder Weintrauben gehandelt wird. Mit viel kulinarischem Geschick lassen sich aber auch aus den unechten Trüffeln richtige Köstlichkeiten zaubern.

DER LÖWENTRÜFFEL
LAT. TERFEZIA LEONIS

WIE MAN TRÜFFEL SUCHT ...
UND FINDET ...

In Sorges, einem Ort im französischen Périgord, wird die Suche nach den edlen Pilzen noch ganz traditionell mit dem Schwein betrieben. Ein seltener Anblick, denn heute ist der Trüffelsucher hauptsächlich in Begleitung eines Trüffelhundes unterwegs.

In der ersten Hälfte des 20. Jahrhunderts, als der Besitz von Schweinen noch das Überleben sicherte und der Weg zum Trüffelhain zu Fuß zurückgelegt werden konnte, gab es in vielen Regionen Bauern, die mit ihrer Sau auf Trüffelsuche gingen. Da die borstigen Paarhufer aber über eine schlechte Kondition verfügen und nur schwer lenkbar sind, haben sich nach und nach immer mehr Landwirte dazu entschieden, mit Hunden auf Trüffeljagd zu gehen. Die Einführung des Automobils lieferte ein weiteres Argument zugunsten des Hundes, denn dieser lässt sich im Allgemeinen erheblich einfacher im Auto transportieren als ein Schwein.

Fast alle Hunderassen eignen sich zur Trüffelsuche. Am besten aber haben sich flinke Hunde mit nicht zu langen und nicht zu kurzen Beinen bewährt. In Italien sind Mischlingshunde beliebt, die ein wenig vom Spitz im Stammbaum tragen, in Frankreich hingegen werden dem Pudel ähnliche Rassen bevorzugt. Eines ist jedoch in allen Ländern gleich: Überwiegend weibliche Tiere werden als Trüffelspürnasen eingesetzt, da der Duft, den ein Trüffel verströmt, dem Geruch des Sexualhormons eines Rüden oder im Fall der Schweine dem Geruch eines Ebers gleicht. Ob weiblich oder männlich, ein Hund geht auf jeden Fall nicht automatisch auf Trüffelsuche. Er muss zuvor eine Ausbildung durchlaufen, die bereits im Welpenalter beginnt. Ausgewählte Hundebabys werden schon sehr früh an Milch gewöhnt, in der einige Trüffelschalen ausgekocht wurden. Später erfolgt ein regelmäßiges Training, das an die Abrichtung von Drogenspürhunden erinnert. Die Ausbildung kann der Hundebesitzer selbst vornehmen oder er schickt seinen Hund auf eine "Universität für Trüffelhunde". Die bekannteste Institution dieser Art ist wohl die Hochschule von Professor Bartini in der Nähe der italienischen Gemeinde Roddi. Dort absolvieren die Hunde ein 14-tägiges Schnellstudium der Trüffelsuche.

Ein weiteres wichtiges Kriterium für die Eignung eines Vierbeiners als Trüffelhund ist die Abstammung. Dies führt dazu, dass für Welpen einer erfolgreichen Trüffelhündin etwa zwischen 3.500 Euro und 7.500 Euro verlangt und bezahlt werden.

Die schöne Rosalie ist eine der letzten verbliebenen Trüffelsauen. Das freundliche Tier ist in der Nähe der Stadt Sorges tätig, der Trüffelhauptstadt des Périgord.

TRÜFFEL IN ITALIEN

Der Italiener Maurizio Spadoni aus Asti im Nordwesten Italiens sucht gemeinsam mit seinem Sohn Juri seit nunmehr 30 Jahren Trüffel im Piemont. So hat der passionierte Trüffelsucher auch das besonders ertragreiche Jahr 1986 miterlebt. Edelknollen in einer Größe von Kinderköpfen sollen damals gefunden worden sein. Bei der Suche werden die beiden Trüffelliebhaber von ihren Hunden unterstützt. Maurizio Spadonis erfolgreichster Trüffelhund heißt Dido, eine kleine Mischlingsdame, die er für rund 15.000 Euro verkaufen könnte, wenn er denn wollte – aber er will natürlich nicht. Allerdings müsse er gut auf seinen Hund achten, erzählt er, denn es sei schon vorgekommen, dass Tiere absichtlich vergiftet wurden. Es gebe immer wieder Trüffelsucher, die zur Schwächung der Konkurrenz auch vor solchen Mitteln nicht zurückschrecken würden.

Maurizio Spadoni bildet seine Trüffelhunde selbst aus. Zunächst bekommen sie Futter, das mit Trüffelaroma versetzt ist, und als besonderen Leckerbissen gibt er ihnen kleine Käsehäppchen, die nach dem Edelpilz schmecken. Wenn sich die Tiere an das Aroma gewöhnt haben, vergräbt der Italiener Trüffel auf seinem Hof und lässt die Vierbeiner danach suchen. Schließlich nimmt er die Trüffelhunde mit, wenn er früh morgens aufbricht, um im Piemont nach Trüffeln zu fahnden. Sobald ein Hund mit seinen Vorderpfoten im Erdreich scharrt, weiß Maurizio Spadoni, dass einer seiner Begleiter etwas entdeckt hat und eilt herbei, um mit einem Trüffeleisen, in Italien "sapino" genannt, nachzuhelfen. Er muss schnell sein, damit das Tier die wertvollen Funde nicht zerbeißt. Als Entschädigung gibt es natürlich eine leckere Belohnung. Die Erträge verkauft Maurizio Spadoni an Zwischenhändler auf den Trüffelmärkten in Asti und Alba. Da tuber magnatum viele stark flüchtige Aromen hat, ist es wichtig, dass der Pilz äußerst schnell in den Handel gelangt. Privat darf der Trüffelsammler seine Funde nicht vertreiben, das ist gesetzlich verboten.

Oft dauert die Trüffelsuche den ganzen Tag, nach dem teuren Weißen Trüffel stöbern italienische Trüffelsucher allerdings nur in absoluter Dunkelheit. Damit versuchen sie die besten Suchplätze vor den Augen der Konkurrenz zu schützen. Da die Hauptsaison des tuber magnatum in den Wintermonaten Oktober bis Dezember liegt, ist das Zwiebelprinzip, also eine Kleidungsschicht über der anderen, während der Suche Pflicht. Neben dem Weißen Trüffel gibt es noch eine Vielzahl weiterer Trüffel, die im Piemont wachsen, wie beispielsweise Burgunder-, Bianchetti- oder Muskattrüffel und auch der schwarze Winteredeltrüffel wird hier gefunden.

TRÜFFEL IN FRANKREICH

Die Trüffelsuche in Frankreich gestaltet sich wesentlich entspannter als in Italien, da ein Großteil der in Frankreich gehandelten Trüffel aus Trüffelhainen oder -wäldern stammt, die zu Erntezwecken angelegt wurden. Nur der Besitzer eines solchen Hains oder Waldes ist berechtigt, dort nach Trüffeln zu suchen. Es gilt als höchst unmoralisch, Trüffel von fremden Grundstücken an sich zu nehmen und die Gemeinschaft der Trüffelsucher und -händler würde ein solches Vergehen mit Ächtung und Ausschluss des Diebes quittieren.

Zwar gibt es auch in Frankreich wild wachsende Trüffel und es mag auch hier einige Trüffelsucher geben, die nachts auf die Jagd gehen, um den Blicken möglicher Kontrahenten zu entgehen, aber die edlen Pilze aus freier Wildbahn machen nur einen sehr kleinen Teil der Gesamternte aus. Auf ihren eigenen Plantagen haben Trüffelliebhaber zudem nicht das Problem, dass auch Spaziergänger mit ihren Hunden die Flächen benutzen. Besonders Rüden, die Duftmarken verteilen, lenken Trüffelhündinnen zu sehr ab, um konzentriert und erfolgreich nach Trüffeln zu suchen.

Die Entspanntheit, mit der französische Trüffelsucher ihrer Arbeit nachgehen, liegt schließlich auch daran, dass der Schwarze Trüffel hier im Vordergrund steht. Tuber melanosporum ist wesentlich länger haltbar als der Weiße Trüffel und lässt sich problemlos ein oder zwei Tage lagern.

Trüffel gedeihen nur unter bestimmten Gewächsen, wie beispielsweise Eichen, Haselnusssträuchern, Linden oder Edelkastanien, und das auch nur für einen begrenzten Zeitraum. Nach spätestens dreißig Jahren muss der Pflanzenbestand erneuert werden. In den französischen Trüffelplantagen wird dies nach und nach vollzogen, so dass jedes Jahr einige der alten Bäume gegen junge Setzlinge ausgetauscht werden. So geht auch Trüffelsucher Laurent vor, der in der Nähe von Puyméras bei Vaison la Romaine im Département Vaucluse einige Trüffelhaine besitzt. Seine erfahrene Trüffelhündin Lassy erschnuppert hier hauptsächlich Muskattrüffel und die begehrten Schwarzen Trüffel. Dabei erweisen sich nicht nur die künstlich angelegten Wälder als perfekte Fundorte, auch Bäume, deren Samen ursprünglich vom Wind auf die Haine getragen wurde, können sich als gute Trüffelwirte behaupten. Laurent berichtet, dass er vor einigen Jahren unter einer wild wachsenden Eiche einen Trüffel von fast 800 Gramm gefunden habe. Vermutlich sind mit den Jahren und mit der wiederholten Schilderung des Fundes einige Gramm hinzugekommen, aber auch ein tuber melanosporum von 400 oder 500 Gramm hat schon eine stattliche Größe.

Laurent isst gerne und beinahe täglich Trüffel, daher verkauft er seine Ausbeute eher selten. Seine Frau verarbeitet die edlen Pilze meist nur wenige Stunden, nachdem ihr Mann sie aus der Erde geholt hat. Oft schält sie die Gewächse und verarbeitet sie zu dünnen Scheiben. In Zeiten, in denen es Trüffel noch in großen Mengen gab, war das Schälen durchaus in vielen Regionen üblich, heute wird es allerdings kaum noch praktiziert, um nichts von den schmackhaften Knollen zu verschwenden. Es ist auch nicht unbedingt notwendig, da die Schale dem Fruchtfleisch kaum nachsteht. Man kann die Trüffel natürlich dennoch bei Bedarf schälen und das Äußere für einen bestimmten Teil eines Trüffelmenüs, wie beispielsweise die Sauce, verwenden.

TRÜFFEL IN FRANKREICH

TRÜFFEL IN DEUTSCHLAND

Noch bis vor etwa hundert Jahren ging das kaiserliche Trüffel-Suchkommando in Deutschland regelmäßig auf die Jagd nach den Edelpilzen. Dann brach der Erste Weltkrieg aus, der Zweite Weltkrieg folgte und das Thema Genuss wurde für lange Zeit nebensächlich. "Seit 1945 hat Deutschland, was den Trüffel angeht, geschlafen", schrieb Gérard Chevalier, einer der renommiertesten Trüffelfachleute in Frankreich im Jahr 2003 in einem Brief an seinen Landsmann Jean-Marie Dumaine. Der in Sinzig lebende Koch und Inhaber des Edelrestaurants "Vieux Sinzig" ist einer der wenigen Trüffelliebhaber in Deutschland, der diesem Zustand mit zunehmendem Erfolg entgegenwirkt und die deutsche Trüffelkultur neu belebt.

Neben seiner Leidenschaft fürs Kochen liebt Jean-Marie Dumaine die Natur, und so begann er vor einigen Jahren, sich intensiv mit heimischen Wildpflanzen und -kräutern zu beschäftigen. Schon bald zierten Knöterich und Löwenzahn, Beinwell und Giersch seine Speisekarte. Schließlich entdeckte er während der Recherche in einem alten Buch einen Bericht über die Trüffeljäger des Kaisers. Sie waren besonders in Gebieten zwischen Hannover und Rügen aktiv, wo es sehr viele Kalk- und Lössböden gibt, auf denen Laubbäume gedeihen. Die Bedingungen für ein reges Trüffelwachstum seien dem Bericht zufolge gerade dann ideal, wenn die Böden nach Süden ausgerichtet seien. Da Jean-Marie Dumaine oft im hügeligen Ahr-Delta unterwegs war, um Wildpflanzen zu sammeln, war ihm sofort klar, dass es direkt vor seiner Haustür viele Flächen gab, die den Kriterien der kaiserlichen Trüffeljäger entsprachen. Kurzentschlossen fuhr der Koch mit seinem Hund Max, ein temperamentvoller Mischling aus dem Tierheim, in die südfranzösische Stadt Nîmes unweit des Pont du Gard, um dort bei professionellen Trüffelsuchern die ersten praktischen Erfahrungen als Trüffeljäger zu sammeln. Sein Hund Max entpuppte sich als Naturtalent und fand schon bald die ersten Trüffel. Zurück in Deutschland fand Jean-Marie Dumaine bald auch hier Trüffel, mit dem Ergebnis, dass man ihm unterstellte, die Trüffel zuvor selbst vergraben zu haben. Um seinen Kritikern das Gegenteil zu beweisen, fand Ende Oktober 2002 unter Beteiligung der Presse, der Geologin Susanne Brühning-Schmitz und den beiden Trüffelexperten Jean-Claude Pargney und Gérard Meunier eine Trüffelsuche an der Ahr statt. Insgesamt 850 Gramm tuber uncinatum fand das ungewöhnliche Expeditionsteam, und Jean-Marie Dumaine wurde über Nacht bekannt. Leider musste der Koch feststellen, dass er die im Wald gefundenen Burgundertrüffel nicht einfach in seinem Restaurant servieren durfte, da die Knollen unter Naturschutz stehen. Deshalb gründete er den Verein Ahrtrüffel e.V., der es sich zum Ziel gemacht hat, geeignete Grundstücke zu pachten und sie mit trüffelinfizierten Nussbaum- und Eichensetzlingen zu bepflanzen. Auch wenn es einige Jahre dauert, wird man dort hoffentlich bald viele heimische Trüffel finden.

TRÜFFEL IN CHINA

Eine Bewertung des Chinatrüffels in den fünf Kategorien Preis, Haptik, Optik, Geruch und Geschmack hat zur Folge, dass der Pilz dreimal weit vorne liegt. Während er in Preis, Haptik und Optik voll überzeugt, kann er jedoch bei Geruch und Geschmack kaum punkten. Der Großteil der Chinatrüffel ist geschmacklich äußerst flach, beinahe neutral. Nur ungefähr fünf Prozent sind entweder im Geruch oder im Geschmack und manchmal sogar in der Kombination beider Kategorien recht attraktiv. Ein Chinatrüffel wird es zwar niemals mit einem guten Périgordtrüffel aufnehmen können, aber so mancher Périgordtrüffel von zweifelhafter Herkunft oder mit einem zu frühen Reifestadium ist auch nicht wesentlich besser als ein Chinatrüffel.

Chinesen essen fast alles, nur keine Trüffel. Erst seit den 1980er Jahren ist in Europa bekannt geworden, dass die unterirdisch wachsenden Schlauchpilze auch an den Ausläufern des Himalayagebirges gedeihen. Ein französischer Arzt entdeckte auf seiner Reise rein zufällig tuber himalayensis. Die Berghänge, die bis zu 3000 Meter über dem Meeresspiegel in die Höhe ragen und fast bis zu ihren Gipfeln mit Mischwald besetzt sind, bieten gute Voraussetzungen für den Trüffelwuchs. Die Symbiose mit Kiefern bringt beispielsweise beste Ergebnisse.

Die chinesischen Trüffelsucher spüren die dunklen Knollen ohne tierische Helfer wie Hunde oder Schweine auf, und dennoch liegt ihr Ertrag nicht selten bei bis zu einem Kilo pro Tag. Die Erfolge ergeben sich aus der Tatsache, dass viele Berghänge komplett mit Trüffeln übersät sind. Die Trüffeljäger kratzen einfach an mehreren Stellen fünf bis zehn Zentimeter tiefe Löcher in die Erde und alle paar Versuche haben sie Erfolg und stoßen auf einen Trüffel. Die chinesischen Trüffelgebiete sind so weitläufig, der Ertrag ist so gigantisch und die Nachfrage derart gering, dass kaum eine Gefahr für die Umwelt besteht.

Mit etwas Glück stößt man in Asien auf ein Trüffelexemplar, das sich in Geruch und Geschmack positiv von den anderen abhebt. Die Chance ist bezüglich der asiatischen Tüffel vor Ort zumindest größer als im deutschen Handel.

VOM TEUERSTEN LEBENSMITTEL DER WELT – TRÜFFELHANDEL IN FRANKREICH

Die Trüffelpreise richten sich nach Angebot und Nachfrage, daher steigt der Preis vor allem in Jahren mit geringem Angebot. In der Saison 1998/99 kostete ein Kilogramm des erstklassigen tuber melanosporum beispielsweise durchschnittlich 1.020 Euro und die gleiche Menge an tuber magnatum etwa 3.070 Euro. Eine Saison zuvor bezahlte man dank größerer Ernteerträge nur rund halb so viel. Dabei ist zu bedenken, dass es sich hierbei um Beträge handelt, zu denen ein Feinkosthändler oder Gastronom einkauft. Bis das edle Gewächs in der Einkaufstasche des Endkunden liegt, kann sich der Preis nochmals gut und gerne verdoppeln. Der Weiße Trüffel ist in jedem Jahr etwa dreimal so teuer wie sein schwarzer Verwandter. Bei einem Naturprodukt wie dem Trüffel sagt der Preis allerdings höchstens etwas über Verfügbarkeit und Nachfrage aus, nicht aber über die Qualität. Zudem ist zu bedenken, dass sich der Weiße Trüffel in der Zubereitung sparsamer verwenden lässt.

Die weltweit größten Mengen qualitativ hochwertiger tuber melanosporum werden in der französischen Region Vaucluse gehandelt. Die beiden größten Trüffelmärkte während der Saison von November bis März finden in Carpentras und Richerenches statt.

In Carpentras treffen sich Trüffelsucher und Trüffelbroker jeden Freitag auf einem kleinen Platz zwischen zwei Cafés in unmittelbarer Nähe des Wochenmarktes. Zunächst feilschen die Broker mit den Trüffelanbietern um den Wochenpreis. Dieser variiert, je nachdem wie viele Trüffel in der vergangenen Woche gefunden wurden. Schließlich eröffnet der Klang einer Trillerpfeife den Handel. Die Broker wählen diejenigen Trüffel aus, die sie zum Tagespreis erwerben wollen und notieren die gebotene Summe auf einem Zettel. Der Trüffelanbieter tauscht das Papier dann bei einer zweiten Person in Bargeld um, nachdem die Ware gewogen wurde. Sollte ein Trüffelsucher nur minderwertige Ware haben, wird der Broker ihm keinen Zettel geben, sollte er hingegen ausschließlich besonders ausgewählte Stücke präsentieren, wird er einen Zettel mit dem Tagespreis dankend ablehnen. Mit diesen Trüffelsuchern treffen die Einkäufer gegen Ende des Marktes Sondervereinbarungen. Zusätzlich fahren die Broker Vormittags bei ihren Stammproduzenten vorbei. Den Nachmittag nutzen sie, um die tägliche Trüffelausbeute an ihre Kunden, in der Regel große Trüffelhandelshäuser, zu liefern. Dazu werden die Trüffel in große Stoffsäcke mit je 20 Kilogramm Inhalt gefüllt. Jeder Sack bekommt eine Lot-Nummer, die dem Broker zugeordnet ist.

Der weltweit größte Trüffelmarkt wird saisonal jede Woche samstags in Richerenches abgehalten. Hier ist das Angebot für Touristen und Endverbraucher größer, und man hat die Möglichkeit, auch Trüffelliteratur, Trüffelbäumchen oder Trüffelspezialitäten zu erstehen. Allerdings ist es für interessierte Zuschauer weitaus schwieriger, die genauen Abläufe des Trüffelhandels zu verfolgen.

EIN KULINARISCHER TRIP DER EXTRAKLASSE – TRÜFFELHANDEL IN ITALIEN

Der Trüffelhandel in Italien unterscheidet sich im Wesentlichen in drei Punkten vom Handel in Frankreich: Die Märkte öffnen wesentlich früher, so dass die Trüffeljäger, die nachts unterwegs sind, im Anschluss an die Suche zum Markt fahren können. Zudem sind die Märkte kleiner und es gibt keine Broker. Die Trüffelhandelshäuser schicken einfach ihre Mitarbeiter zum Einkauf.

Im Gegensatz zum Trüffelmarkt in Alba, der sich in den letzten Jahren immer mehr zu einem Anziehungspunkt für Touristen entwickelt hat, gibt es in dem kleinen Dorf Savigno in der Nähe von Bologna noch einen wirklich sehenswerten, wenn auch etwas kleineren, Trüffelmarkt. Während die meisten Trüffelhändler in Alba ihre Ware in einem Zelt anbieten, ist es in Savigno wie auf einem richtigen Markt. Es gibt offene Stände, an denen die Trüffelhändler ihre Ware zum Verkauf bereithalten sowie dutzende weitere Anlaufpunkte, an denen feine Spezialitäten aus der Region feilgeboten werden. Einige Hausfrauen koordinieren eine Essensausgabe und bieten kleine Portionen köstlicher Trüffelspezialitäten an, wie beispielsweise Spiegelei mit Weißem Trüffel. Zusätzlich gibt es größere, von Profiköchen geleitete Stände, die eine beachtliche Auswahl feiner Kreationen präsentieren.

Mit gut gefülltem Bauch lassen sich die vielen Trüffelstände natürlich gleich viel besser unter die Lupe nehmen, und auch die Kaufentscheidung fällt leichter. Da es sich bei den Edelpilzen um ein seltenes Naturprodukt handelt, gibt es nur zwei Optionen für den Käufer: Entweder "Wenig, aber teuer!" oder aber "Viel, aber dafür günstig!". Spätestens nach der Lektüre dieses Buches fällt diese Entscheidung sicherlich leicht.

BORLENGHI MIT WEISSEM RAGOUT, PARMESAN UND WEISSEM TRÜFFEL

Rezept für 4 Personen

Borlenghi (Pfannkuchen):
- 150 g   Mehl Type "00"
- 5 g   feinkörniges Meersalz
- 600 ml Wasser
- 1 El   Olivenöl extra nativ
- 1   mittelgroßes Ei, verquirlt

Weißes Ragout:
- 100 g   Schweinekeule
- 15 g   Sellerie, geschält und fein gehackt
- 15 g   Karotte, geschält und fein gehackt
- 20 g   weiße Zwiebel, geschält und fein gehackt
- 50 g   Butter
- 1   Salbeiblatt
- 30 g   Meersalz
- 5 cl   Weißwein
- 60 g   Parmesankäse
- 36 g   Weißer Trüffel

Für die Borlenghi Mehl, Meersalz, Ei und Öl mit dem Mixer auf kleiner Stufe verrühren, dabei nach und nach das Wasser hinzugeben. Ca. 10 Minuten weiterrühren, anschließend eine halbe Stunde ruhen lassen. Eine Pfanne mit Antihaftbeschichtung (24 cm Durchmesser) auf kleiner Flamme erhitzen, die zuvor hergestellte Teigmasse nochmals gut durchrühren. Sehr wenig Öl in die Mitte der Pfanne geben und mit Küchenpapier über die gesamte Fläche verstreichen.
Ca. 30 g Teigmasse in die Pfanne geben. Durch Schwenken der Pfanne den Teig gleichmäßig dünn verteilen. Herausnehmen, sobald sich der Teig vom Pfannenboden löst. Die Teigmenge ergibt etwa 18 Borlenghi.

Für das Ragout Sellerie, Karotte und Zwiebel mit Butter im Topf anbraten. Das Fleisch klein schneiden und mit dem Salbeiblatt zum Gemüse geben. Die Temperatur erhöhen und unter ständigem Rühren die Fleischflüssigkeit verdunsten lassen. Meersalz und Wein hinzugeben und lezteren ebenfalls verdunsten lassen.

Pro Portion je drei Borlenghi übereinander schichten, die Schichten gut mit Ragout füllen. Zum Servieren mit Parmesan bestreuen und Weißen Trüffel darüber hobeln.

PASSATELLI MIT PARMESANFONDUE UND WEISSEM TRÜFFEL

Rezept für 4 Personen

Passatelli (lange Spätzle):
90 g   Mehl Type "00"
200 g   geriebener Parmesan, 24 Monate gereift
140 g   Semmelbrösel
4   Eier
4 g   feinkörniges Meersalz
Pfeffer und Muskatnuss nach Geschmack
2 l   Gemüsebrühe

Fonduecreme mit Weißem Trüffel:
100 g   geriebener Parmesan
100 g   Sahne
100 g   Milch
10 g   Butter
10 g   Mehl
ca. 40 g Weißer Trüffel

Für die Passatelli Mehl, Parmesan und Semmelbrösel vermischen und mit einer Vertiefung in der Mitte auf der Arbeitsfläche anhäufen. Eier, Meersalz, Pfeffer und Muskatnuss hinzugeben. Zu einem glatten Teig verarbeiten, der sich vollständig von der Arbeitsfläche löst. In Frischhaltefolie einwickeln und für etwa eine halbe Stunde im Kühlschrank ruhen lassen.

Für die Fonduecreme Parmesan, Sahne und Milch in einen kleinen Topf geben. Eine kleine Pfanne bereitstellen und etwas Butter hineingeben. Den Topf mit Parmesan erhitzen und unter Rühren zu einer cremigen Masse einkochen lassen. Gleichzeitig aus Butter und Mehl eine Roux (Mehlschwitze) herstellen, zur Parmesancreme geben und unter ständigem Rühren zum Kochen bringen, bis die Creme Fäden zieht. Etwa 12 g fein gehackten Weißen Trüffel hinzufügen. Gut vermischen und im Kühlschrank abkühlen lassen. Einen Topf mit Gemüsebrühe erhitzen. Wenn die Brühe kocht, den Teig mit einem Passatelli-Schaber oder alternativ durch eine Kartoffelpresse in die Brühe drücken. Wird eine Kartoffelpresse verwendet, den Teig direkt über der kochenden Brühe durch die Presse zu ca. 10 cm langen "Teigwürsten" drücken. Abstreichen und so fortfahren, bis der Teig aufgebraucht ist.
Die Passatelli kochen, dabei aber nicht umrühren. Sie sind gar, wenn sie an die Oberfläche steigen. Abgießen und in der Pfanne mit der vorbereiteten Fonduecreme sautieren.
Auf stark vorgewärmten Tellern anrichten und die restlichen Trüffel darüber hobeln.

Rezept für 4 Personen

1/2 l	Milch
75 g	Butter
40 g	Mehl Type "00"
120 g	Parmigiano Reggiano
4	Eier
Meersalz	
35 g	Weißer Trüffel

Die Milch in einem Topf erwärmen.
60 g Butter in einem zweiten Topf zerlassen und das Mehl dazugeben. Langsam die warme Milch zu der Butter-Mehl-Masse geben und durch Rühren mit dem Schneebesen verhindern, dass sich Klümpchen bilden. Die eingedickte Milch unter ständigem Rühren mit einem Holzlöffel zum Kochen bringen. Nach 2 Minuten Kochzeit vom Herd nehmen und den geriebenen Parmesan einrühren.

Die Eier vorsichtig trennen, dabei Eigelbe nicht beschädigen und voneinander getrennt lassen. Das Eiweiß mit einer Prise Meersalz steif schlagen.
Vier Aluminiumförmchen mit der restlichen Butter einfetten und bis zum oberen Rand mit dem steif geschlagenen Eiweiß füllen.
Die Oberfläche glatt streichen, in die Mitte eine Vertiefung drücken, das unversehrte Eigelb hineingeben und mit dem restlichen Eischnee bedecken. Bei 180 °C für 5 Minuten backen.
Etwa 7 g Trüffel fein hacken und zur Parmesancreme geben. Die gebackenen Eischneetörtchen vorsichtig aus der Form lösen, auf je zwei Esslöffeln Parmesancreme anrichten und alles mit dem restlichen gehobelten Trüffel bestreuen.

GEBACKENES EI MIT WEISSEM TRÜFFEL "DEI COLLI BOLOGNESI"

LASAGNE MIT WEISSEM TRÜFFEL

Rezept für 4 Personen

380 g	Mehl Type "00"
3	Eier
1 l	Milch
200 g	Sahne
80 g	Butter
1	Zwiebel, fein gehackt
70 g	Mehl Type "405"
140 g	geriebener Parmesan
1	mittelgroße Kartoffel (festkochend), ca. 100 g
Olivenöl	
30 g	Meersalz
60 g	Weißer Trüffel

Aus Mehl Type "00" und Eiern den Lasagneteig herstellen, in Frischhaltefolie einwickeln und etwa 15 Minuten ruhen lassen.
Milch und Sahne in einem Topf erwärmen, in einem weiteren Topf die Butter zerlassen und die fein gehackte Zwiebel darin anschwitzen. Wenn die Zwiebelstücke glasig sind, das Mehl Type "405" dazugeben und anschwitzen. Anschließend den Topf vom Herd nehmen und die kochende Milch-Sahne einrühren. Das Ganze kräftig mit dem Schneebesen glattrühren und erneut zum Kochen bringen. Den Topf vom Herd nehmen und 120 g Parmesan einstreuen. Mit dem Schneebesen gut verrühren, bis eine glatte Sauce entsteht. Mit Frischhaltefolie abdecken und abkühlen lassen.
Die Kartoffel schälen und mit einem Trüffelhobel in ca. 1/2 mm dicke Scheiben hobeln. Eine Auflaufform mit Backpapier auslegen und leicht mit Olivenöl bestreichen. Etwas salzen und die Kartoffelscheiben darauf legen. Bei 200 °C 3–4 Minuten rösten, dabei darauf achten, dass die Kartoffelscheiben nicht verbrennen. So fortfahren, bis alle Kartoffelscheiben geröstet sind.
Zur Zubereitung der Lasagne den Teig auf 1,5–2 mm Stärke ausrollen, Rechtecke von 15 x 25 cm ausschneiden, in kochendem Salzwasser garen und anschließend mit einem Geschirrtuch trocken tupfen.
Nun wird die Lasagne geschichtet: Den Boden einer gebutterten Auflaufform vollständig mit Teigblättern bedecken, etwas von der Parmesansauce darauf verteilen, eine Schicht geröstete Kartoffelscheiben darauf geben, 5 g Trüffel darüber hobeln und mit einer weiteren Schicht Sauce bedecken. Mit den Zutaten so fortfahren, bis vier Teigschichten übereinander liegen. Den Abschluss bildet eine Teigschicht, die mit Sauce bestrichen und mit dem restlichen Parmesan bestreut wird. Bei 200 °C für etwa 15 Minuten backen, aus dem Ofen nehmen, in sechs Portionen auf Tellern anrichten und mit dem restlichen, hauchdünn gehobelten Trüffel bestreuen.
Sehr heiß servieren.

KARTOFFELBÄLLCHEN IN PARMESAN-FONDUE MIT WEISSEM TRÜFFEL

Rezept für 4 Personen

400 g	Kartoffeln (Sorte Désirée)
3 kg	grobkörniges Salz
150 g	Mehl
60 g	geriebener Parmesan
1	Ei
1	Eigelb
40 g	Butter

Fondue:

200 g	geriebener Parmesan
50 g	Sahne
125 ml	Milch
25 g	Butter
15 g	Mehl
40 g	Weißer Trüffel

Die Kartoffeln waschen. Den Boden einer Aluminiumkasserolle mit einer 4 cm dicken Schicht grobkörnigem Meersalz bedecken, die Kartoffeln darauf verteilen und mit dem restlichen Meersalz bedecken. Bei 200 °C für zwei Stunden im Ofen backen. In der Zwischenzeit das Fondue zubereiten.

Parmesan, Sahne und Milch in einen Topf geben. Die Zutaten erhitzen und zu einer cremigen Sauce verkochen. Die Butter in einer Pfanne zerlassen, das Mehl einrühren, die Masse zu der Parmesancreme geben und unter ständigem Rühren aufkochen lassen, bis die Masse Fäden zieht. Jetzt 36 g fein gehackten Weißen Trüffel dazugeben, gut verrühren und im Kühlschrank erkalten lassen.

Nach zwei Stunden die Kartoffeln aus dem Ofen nehmen, schälen und durch eine Kartoffelpresse auf 150 g Mehl drücken. Eine Vertiefung in die Mitte der Kartoffelmasse drücken, 40 g Parmesan, das Ei und das Eigelb hineingeben. Den Teig einmal sehr kurz durchkneten, 2 cm dick ausrollen und mit einem Glas Kreise ausstechen. So fortfahren, bis 24 Teigkreise ausgestochen sind.

Aus der erkalteten Fonduemasse nussgroße Bällchen formen, auf die Teigkreise setzen und daraus Kugeln formen.
Die Kartoffelbällchen in reichlich kochendes Salzwasser geben. Sobald sie nach oben steigen, mit einem Schaumlöffel herausnehmen und in eine Pfanne mit zerlassener Butter geben. Die Bällchen in der Butter wenden, auf Tellern anrichten, die restlichen Trüffel darüber hobeln und servieren.

GEBACKENES KALBSBRIES MIT WEISSEM TRÜFFEL GESPICKT AUF ARTISCHOCKENRAGOUT

Rezept für 4 Personen

500 g	gewässertes Kalbsbries
60 g	Weißer Trüffel
	Meersalz
	schwarzer Pfeffer aus der Mühle
100 g	Mehl
2	große Artischocken
100 g	kalte Butter
2	Zitronen
250 ml	Gemüsefond
je 1	Lorbeerblatt und Rosmarinzweig
4	Petersilienstängel
125 ml	Sahne
50 g	Crème fraîche
1 kl. Bd.	gehackte glatte Petersilie
500 g	geklärte Butter (Ghee)

Das gewässerte Kalbsbries häuten, Gekröse entfernen und trocknen. Trüffel in streichholzdicke Streifen schneiden. Mit einer Spicknadel Löcher ins Bries stechen und die Trüffel hineindrücken. Mit Meersalz und Pfeffer würzen und in Mehl wenden.
Den Artischockenstiel vorsichtig drehend abbrechen, um die Fäden im Artischockenboden mitzuziehen. Blätter abschneiden, bis der Boden sichtbar ist. Das Heu mit einem Löffel auskratzen und den Artischockenboden mit Zitronensaft einreiben. Danach die Böden in ca. 1 cm große Würfel schneiden, in Butter im Topf anschwitzen und mit etwas Zitronensaft und Gemüsefond bedecken. Lorbeer, Rosmarin und Petersilienstängel zugeben und langsam köchelnd garen. Artischocken abgießen und den Fond im Topf mit Sahne und Crème fraîche auf die gewünschte Menge reduzieren. Mit Meersalz und Pfeffer abschmecken und mit kalten Butterflocken mit dem Mixstab montieren. Die gehackte Petersilie unterrühren. Von den Artischockenwürfeln die Kräuterstängel und das Lorbeerblatt entfernen und in die Sauce geben.

Die geklärte Butter auf 180 °C erhitzen und das Kalbsbries darin frittieren. Kalbsbries in Scheiben schneiden und auf dem Artischockenragout anrichten und den restlichen Weißen Trüffel gehobelt darüber streuen.

EIEROMELETT MIT WEISSEM TRÜFFEL

Rezept für 4 Personen

12	Eier, Klasse M
150 g	Sahne
	Meersalz
	weißer Pfeffer aus der Mühle
	frisch geriebene Muskatnuss nach Belieben
40 g	Butter
40 g	Weißer Trüffel

Eier und Sahne mit Meersalz, Pfeffer und Muskat verquirlen. In einer nicht zu heißen, beschichteten Pfanne die Butter schmelzen und die Ei-Sahne-Mischung dazugießen.

Wenn die Eimasse zu stocken beginnt, nicht mehr rühren, denn das Omelett sollte glatt und faltenfrei sein, aber in der Mitte flockenweich. Nun etwas Weißen Trüffel darüber hobeln. Das Omelett von beiden Seiten einklappen und aus der Pfanne auf einen Teller stürzen. Mit Butter abglänzen und den restlichen Trüffel darüber hobeln.

Rezept für 4 Personen

16   Jakobsmuscheln
1 Dose Périgordtrüffel
200 g Olivenöl
Fleur de sel
schwarzer Pfeffer aus der Mühle

Die Jakobsmuscheln müssen lebend-frisch sein! Die Jakobsmuscheln öffnen, putzen und das Corail und die Haut entfernen.
Jede Jakobsmuschel in 4 Scheiben schneiden. Nun die Périgordtrüffel mit der Schneidemaschine in feine Scheiben schneiden und in der Größe der Jakobsmuscheln ausstechen.
Einen großen Teller mit Olivenöl bepinseln, die Jakobsmuscheln und Trüffelscheiben im Fischschuppen-Muster darauflegen, mit ein wenig Olivenöl bepinseln. Das Ganze mit Fleur de sel und schwarzem Pfeffer aus der Mühle bestreuen.

CARPACCIO VON JAKOBSMUSCHELN UND PÉRIGORDTRÜFFEL MIT OLIVENÖL

GETRÜFFELTES STUBENKÜKEN AN PUYLINSEN-GEMÜSE

Rezept für 4 Personen

2	Stubenküken
40 g	Périgordtrüffel, in Scheiben geschnitten
	Fleur de sel
	schwarzer Pfeffer aus der Mühle
50 ml	Olivenöl
40 g	Möhrenbrunoise
40 g	Knollenselleriebrunoise
40 g	Lauchbrunoise
200 g	Puylinsen (2 Std. in kaltem Wasser eingeweicht)
250 ml	Gemüsebrühe
100 g	Crème fraîche

Die ausgelösten (wer es kann, sollte sie vom Rücken her auslösen und beide Brusthälften zusammenlassen, Flügel abschneiden und Schenkelknochen entfernen) oder auch ganzen Küken mit Trüffelscheiben unter der Brust- und Schenkelhaut bestücken, die Innenseite mit Fleur de sel und Pfeffer würzen und ebenfalls mit Trüffelscheiben belegen.

Idealerweise das Küken wieder in die Ursprungsform bringen und über die Flügel zu den Schenkelchen mit Kordel binden. Mit Olivenöl einpinseln und im vorgeheizten Backofen bei 150 °C etwa 20 Minuten braten. Anschließend das Fleisch ruhen lassen.

Das Wurzelgemüse in Olivenöl anschwitzen, die eingeweichten Linsen ohne Wasser zugeben und mit Gemüsebrühe auffüllen. Bei mittlerer Hitze köchelnd gar ziehen lassen. Zum Schluss Crème fraîche unterziehen und mit Fleur de sel und Pfeffer abschmecken. Linsengemüse anrichten, das Stubenküken in Scheiben schneiden und aufsetzen, die Schenkelchen mit Papilottes garnieren.

ZANDER AUF DER HAUT GEBRATEN MIT SCHWARZWURZELN UND TRÜFFEL-KARTOFFELPÜREE

Rezept für 4 Personen

500 g	geschälte violette Kartoffel (Purple Congo)
250 ml	dunkelroter, kräftiger Rotwein (Barbera oder Tempranillo)
150 ml	Olivenöl
50 g	Trüffeljus
125 ml	Gemüsebrühe
Meersalz, schwarzer Pfeffer aus der Mühle	
frisch geriebene Muskatnuss	
400 g	Schwarzwurzeln
Saft von 2 Zitronen	
400 g	Zanderfilet mit Haut
75 g	Butter
20 g	gehackter Périgordtrüffel
20 g	gehobelter Périgordtrüffel

Die geschälten Kartoffeln in Rotwein und der Hälfte der Gemüsebrühe garen. Kartoffeln abschütten, dabei den Fond aufbewahren. Kartoffeln stampfen, mit etwas Olivenöl, Trüffeljus und Kartoffelfond glattrühren und mit Meersalz und Muskatnuss abschmecken. Schwarzwurzeln schälen und in Zitronenwasser legen. Anschließend schräg in 1 cm große Stücke schneiden.
Im Topf mit Olivenöl anschwitzen und mit der restlichen Gemüsebrühe auffüllen, gar ziehen lassen und mit Meersalz und Pfeffer abschmecken.

Zanderfilet mit der Hautseite in eine heiße Pfanne mit etwas Olivenöl legen und mit einem Topf beschweren, damit der Fisch sich nicht aufrollt. Den Fisch nicht wenden und auf der Hautseite garen.
Die in Butter angeschwitzten gehackten Trüffel unter das Kartoffelpüree heben und die Schwarzwurzeln außen herum legen. Den Fisch mit der Hautseite nach oben darauf geben, mit etwas Olivenöl beträufeln und mit Meersalz und Pfeffer würzen. Zum Schluss dünne Scheibchen vom Schwarzen Trüffel darüber hobeln.

GETRÜFFELTER CROTTIN DE CHAVIGNOL AN ROTWEINZWIEBELN

Rezept für 4 Personen

8	kleine rote Zwiebeln
1	Knoblauchzehe
Schale von 1/4 Orange	
250 ml	Rotwein (Barbera d´Alba "Gran Madre" von Cascina Pellerino)
1	Thymianzweig
1	Lorbeerblatt
Fleur de sel, schwarzer Pfeffer	
etwas brauner Zucker	
2 Tl	Rote-Bete-Pulver (in Rotwein aufgelöst)
etwas	Stärkepulver
2	Crottin de Chavignol (60 g Ziegenkäse aus dem Loiretal)
20 g	Périgordtrüffel, in Scheiben geschnitten
40 g	Crème fraîche

Zwiebeln und Knoblauch schälen. Zwiebeln in Ringe und Knoblauch in Streifen schneiden. Zwiebeln, Knoblauch und Orangenschale anschwitzen und mit Rotwein ablöschen. Kräuter hinzufügen und mit Fleur de sel, Pfeffer und Zucker abschmecken.
Im 200 °C heißen Ofen mit Deckel garen. Anschließend die Zwiebeln mit dem Rote-Bete-Pulver einfärben. Eventuell mit etwas Stärkepulver abbinden.

Den Käse halbieren. Die Schnittfläche der halbierten Crottins mit Trüffelscheiben belegen, Crème fraîche darauf geben und auf einer feuerfesten Unterlage im 200 °C heißen Ofen bei Oberhitze goldgelb gratinieren. Käse auf den lauwarmen Zwiebeln, anrichten. Mit Fleur de sel und schwarzem Pfeffer aus der Mühle bestreuen.

SCHEITERHAUFEN VON PÉRIGORD-TRÜFFEL UND GÄNSESTOPFLEBER

Rezept für 4 Personen

3	Périgordtrüffel à ca. 50 g
1	Drahtbügelglas 350 g / 436 ml
250 ml	2002 Banyuls Hélyos (natursüßer Rotwein aus dem Roussillon)
125 ml	Geflügelfond
	Meersalz, Pfeffer aus der Mühle
1	Gänsestopfleber (Entier)
200 g	kalte Butter

Die Trüffel waschen, bürsten und in das Drahtbügelglas einsetzen. Banyuls mit Geflügelfond aufkochen, mit Meersalz und Pfeffer abschmecken und die Trüffel damit bedecken. Das Glas verschließen und im Wasserbad im 230 °C heißen Backofen ca. 30 Minuten einkochen. Diese Methode ist generell zum Einmachen von Trüffeln zu empfehlen. Das Glas über Nacht auskühlen lassen (je länger, desto besser zieht der Trüffel durch). Gekühlt lässt sich das verschlossene Trüffelglas gut 12 Monate aufbewahren.

Trüffel und Gänseleber in 1/2 cm dicke Stifte schneiden. Abwechselnd Trüffel und Gänseleber in 3 Schichten übereinander anrichten.

Den Trüffelfond aufkochen, auf die gewünschte Menge reduzieren und mit kalter Butter montieren. Sauce um den Scheiterhaufen anrichten und mit Meersalz bestreut servieren.

WINTERSALATE MIT GÄNSESTOPFLEBER UND TRÜFFELVINAIGRETTE

Rezept 4 Personen

40 g	Rapunzel
40 g	Treviso oder Radicchio
40 g	weißer Löwenzahn
40 g	Eiskraut
40 g	Chicoréespitzen
1	Schalotte
30 g	Périgordtrüffel, gewürfelt
4 cl	natives Olivenöl
2 cl	Madeira
2 cl	roter Portwein
1 cl	Sherry-Essig
2 cl	Geflügelfond

Meersalz, schwarzer Pfeffer aus der Mühle

1	Gänsestopfleber (Entier)
20 g	Périgordtrüffel, gehobelt
10 g	Kerbelblätter

Salate putzen, waschen und trocken schleudern. Schalotte fein würfeln, Trüffel grob hacken und beides in der Hälfte des Olivenöls anschwitzen. Mit Madeira, Portwein und Sherry-Essig ablöschen, mit dem Geflügelfond auffüllen, auf die gewünschte Menge reduzieren, mit Salz und Pfeffer würzen und abkühlen lassen. Mit dem Handmixer das restliche Olivenöl darunterrühren. Salat mit der Trüffelvinaigrette mischen und anrichten. Dünne Scheiben von der Gänsestopfleber zwischen die Salate drappieren und mit Trüffelscheiben und Kerbel garnieren.

Rezept für 4 Personen

300 g	Knollensellerie
1	Zitrone
300 ml	Geflügelbrühe
50 g	frische Schwarze Trüffel
50 g	kalte Butter
1 El	Madeira
250 g	Sahne

Knollensellerie schälen, in 4 Teile schneiden und mit dem Saft einer Zitrone einreiben. Danach im Dampftopf weich dämpfen und anschließend im Mixer sehr fein pürieren.
Das Selleriepüree in eine Kasserolle geben, 200 ml der Geflügelbrühe zugegeben und das Ganze heiß schlagen.

Trüffel bürsten, in Scheiben oder Streifen schneiden und in einem nussgroßen Stück Butter langsam anschwitzen. Dann mit je einem Esslöffel Madeira und der restlichen Geflügelbrühe ablöschen. Gedünstete Trüffel in die Selleriebrühe geben, Sahne hinzufügen und die Suppe noch einmal erhitzen, jedoch nicht kochen. Zum Schluss nach und nach die restliche Butter einrühren und die Suppe sehr heiß servieren.

SELLERIERAHMSUPPE MIT SCHWARZEM TRÜFFEL

IMPRESSUM

Mit Textbeiträgen von:
Ralf Bos mit Unterstützung von Jasmin Oberdorfer

Rezeptiert und gekocht haben:
Joachim Eisenberger und Susanne Bos

Produktion: Edition Port Culinaire, Köln

Fotografie: Thomas Ruhl

Art Direction: Petra Gril

Printed in China

ISBN: 978-3-7716-4488-8

© 2011 Fackelträger Verlag GmbH, Köln
Alle Rechte vorbehalten

Edition Port Culinaire
c/o Ruhl Studios
Werderstraße 21
50672 Köln
Tel. +49 (0)221 / 56 95 94-0
info@port-culinaire.de
www.port-culinaire.de

Fackelträger Verlag GmbH
Emil-Hoffmann-Straße 1
50996 Köln
Tel. +49 (0)2236 / 39 99-0
www.fackeltraeger-verlag.de

Dieses Werk einschließlich aller seiner Teile ist urheberrechtli_
geschützt. Jede Verwertung außerhalb der Eigennutzung ist oh_
Zustimmung des Verlages nicht erlaubt. Das gilt insbesondere f_
die Vervielfältigung, Übersetzung, Mikroverfilmung oder die Ei_
speisung ins Internet oder die Erstellung von elektronischen M_
dien wie CD-ROM und Video.
Alle in diesem Buch enthaltenen Angaben, Rezepte etc. wurde_
vom Autor nach bestem Wissen erstellt und von ihm und de_
Verlag mit größtmöglicher Sorgfalt überprüft. Gleichwohl sind_
wie wir im Sinne des Produkthaftungsrechts betonen müssen _
inhaltliche Fehler nicht vollständig auszuschließen. Daher erfo_
gen die Angaben etc. ohne jegliche Verpflichtung oder Garantie_
des Verlages oder des Autors. Beide Seiten übernehmen deshalb
keinerlei Verantwortung und Haftung für etwaige inhaltliche Un-
stimmigkeiten.